SOCIÉTÉ D'ÉCONOMIE SOCIALE

Prix Audéoud (Acad. des Sc. mor. et polit.) Grand prix (Exp. univ. 1889)

Séance du 9 *décembre* 1895

DU NOUVEAU RÉGIME SUCCESSORAL

INAUGURÉ PAR LA LOI DU 30 NOVEMBRE 1894

SUR LES

HABITATIONS A BON MARCHÉ

PAR

M. JULES CHALLAMEL

DOCTEUR EN DROIT

AVOCAT A LA COUR D'APPEL DE PARIS

(Extrait de *LA RÉFORME SOCIALE* du 16 février 1896)

PARIS

AU SECRÉTARIAT DE LA SOCIÉTÉ D'ÉCONOMIE SOCIALE

54, RUE DE SEINE, 54

1896

SOCIÉTÉ INTERNATIONALE D'ÉCONOMIE SOCIALE

La Société, fondée par Le Play, s'est constituée le 27 novembre 1856, pour remplir le vœu exprimé par l'Académie des sciences, en couronnant l'ouvrage intitulé les *Ouvriers européens*. Elle applique à l'étude comparée des diverses constitutions sociales la méthode d'observation, dite des monographies des familles. Elle reproduit les monographies les plus remarquables dans le recueil intitulé les *Ouvriers des deux mondes*, et publie le compte rendu *in extenso* de ses séances dans la *Réforme sociale, bulletin de la Société d'économie sociale et des Unions.*

La *Société d'Economie sociale* se compose de *Membres honoraires* versant une cotisation de 100 francs par an, au minimum, et de *Membres titulaires* payant 25 francs. L'un et l'autre de ces deux prix donnent droit à recevoir la *Réforme sociale*, qui est adressée à tous les Membres deux fois par mois, le 1er et le 16; et les *Ouvriers des deux mondes* qui paraissent par fascicules trimestriels.

De 1865 à 1885 le *Bulletin* des séances forme 9 vol. in-8° avec tables méthodiques. La collection complète (rare) : 68 francs. — Depuis 1886, le *Bulletin* est remplacé par la *Réforme sociale*.

LES UNIONS DE LA PAIX SOCIALE

Les *Unions* ont pour but de propager et de mettre en pratique les doctrines de l'*Ecole de la paix sociale*. Elle sont réparties par petits groupes en France et à l'étranger. Leur action s'exerce par l'intermédiaire de CORRESPONDANTS locaux.

Les membres sont invités à transmettre au secrétariat général les faits qu'ils ont pu observer autour d'eux, ou les renseignements qui sont parvenus à leur connaissance. Ces communications sont, suivant leur importance, mentionnées ou reproduites dans la *Réforme sociale*.

Les *Unions* se composent de membres *associés* et de membres *titulaires*. Les membres *associés* versent une cotisation annuelle de 15 francs (France et étranger) qui leur donne droit à recevoir deux fois par mois la *Réforme sociale, bulletin* de la *Société* et des *Unions*. Les *membres titulaires* concourent plus intimement aux travaux qui servent de base à la doctrine des *Unions*; ils payent, outre la cotisation annuelle, un droit d'entrée de 10 francs au moment de leur admission, et reçoivent, en retour, pour une *valeur égale* d'ouvrages choisis dans la *Bibliothèque de la paix sociale* et livrés au prix de revient.

Pour être admis dans les *Unions de la paix sociale*, il faut être présenté par un membre, ou adresser directement une demande d'admission au Secrétaire général, rue de Seine, 54, à Paris. — Les noms des membres nouvellement admis sont publiés dans la *Réforme sociale*.

COMITÉ DE DÉFENSE ET DE PROGRÈS SOCIAL

La *Réforme sociale* publie *in extenso* la plupart des conférences faites sous auspices du *Comité de Défense et de progrès social*. Chacune des conférences de 1895 a été éditée, en vue de la propagande, en une brochure in-18 au prix de **Cinq centimes**. (Envoi *franco* à partir de 10 exemplaire).

SOCIÉTÉ D'ÉCONOMIE SOCIALE
Prix Audéoud (Acad. des Sc. mor. et polit.) Grand prix (Exp. univ. 1889.)

Séance du 9 décembre 1895

DU NOUVEAU RÉGIME SUCCESSORAL INAUGURÉ PAR LA LOI DU 30 NOVEMBRE 1894 SUR LES HABITATIONS A BON MARCHÉ

PAR

M. JULES CHALLAMEL
DOCTEUR EN DROIT
AVOCAT A LA COUR D'APPEL DE PARIS

(Extrait de *LA RÉFORME SOCIALE* du 16 février 1896)

PARIS
AU SECRÉTARIAT DE LA SOCIÉTÉ D'ÉCONOMIE SOCIALE
54, RUE DE SEINE, 54

1896

SOCIÉTÉ D'ÉCONOMIE SOCIALE

Séance du 13 janvier 1896

DU NOUVEAU RÉGIME SUCCESSORAL

INAUGURÉ PAR LA LOI DU 30 NOVEMBRE 1894

SUR LES HABITATIONS A BON MARCHÉ

MESSIEURS,

La Société d'Économie sociale professe volontiers cette vérité d'expérience universelle, que les lois ne peuvent rien — ou bien peu de chose — sans l'adhésion sincère et la coopération de ceux pour qui elles sont faites ; qu'il n'est pas de réforme sérieuse, pour les nations comme pour les individus, qui ne vienne du dedans, non du dehors, et, suivant l'expression de votre illustre ancien président, M. Anatole Leroy-Beaulieu, que les questions sociales ne sont en réalité que des questions morales.

A ce titre, la loi du 30 novembre 1894 sur les habitations à bon marché devait vous plaire. Nul texte de loi n'est plus libéral, nul n'est moins coercitif, et nul, en même temps, n'ouvre d'horizons plus larges et plus séduisants vers la solution du problème redoutable de la reconstitution du foyer domestique.

Tous ceux qui ont approché les pauvres gens savent combien il y a de désordre, au point de vue moral, comme au point de vue physique, dans le logement malsain, et cependant si cher, que les ouvriers occupent d'ordinaire dans nos grands centres industriels. La mère, appelée hors du logis par la nécessité de gagner le salaire qu'elle ne peut plus trouver qu'à l'usine, les enfants demeurés seuls, livrés à tous les dangers et à tous les entraînements de la rue, le ménage à l'abandon, les aliments mal préparés, dans la hâte et la fatigue du retour, une chambre unique où couchent sept ou huit personnes entassées, les sexes confondus, l'atmosphère empestée, voilà pour un nombre immense de familles ouvrières les conditions ordinaires de la vie. Aussi, depuis longtemps, l'amélioration de l'habitation populaire n'a-t-elle cessé de préoccuper les esprits les plus généreux.

Je n'ai pas à faire l'historique des efforts déjà considérables, qui ont été tentés jusqu'ici pour prévenir le mal ou pour en diminuer l'étendue. Laissez-moi vous rappeler seulement la belle enquête poursuivie, dès 1840, par M. Villermé ; puis, à l'Assemblée législative, les propositions de loi et les rapports de M. de Melun et de M. de Riancey ; plus tard, le cri d'alarme jeté par M. Jules Simon dans son livre éloquent de *l'Ouvrière*.

La campagne a été reprise, vous savez avec quelle ardeur, par M. Georges Picot. Depuis dix ans, la question n'a plus cessé d'être agitée : soit en Belgique, avec l'appui de MM. de Smet de Naeyer, van der Bruggen, Melot, Mahillon ; soit en France, sous l'influence, toujours active de MM. Georges Picot, Cheysson, Mangini, Jules Siegfried... Je ne cite que les noms les plus éclatants. Elle a passé de la théorie dans la pratique, et l'on peut être certain que le mouvement, désormais, ne s'arrêtera plus.

J'ai essayé d'en montrer la puissance et de dire ce qu'on en pouvait attendre, dans une étude qui n'a sans doute rien d'original, mais qui est le résumé fidèle de mes lectures et de mes observations et la constatation du point précis auquel on est aujourd'hui parvenu. Je suis heureux de faire hommage de ce travail à votre bibliothèque (1).

Que pouvait-on demander au législateur ? Non pas de se substituer à l'initiative individuelle, mais de la stimuler, de lever les obstacles qui s'opposent à son action, de laisser le champ libre à

(1) *Les habitations à bon marché, en Belgique et en France*, par M. Jules Challamel, avocat à la Cour d'appel de Paris, docteur en droit : — extrait du *Bulletin de la Société de Législation comparée*, janvier 1895.

l'esprit de dévouement. C'est là ce qu'il a voulu faire et ce qu'il a commencé de réaliser, dans la loi du 30 novembre 1894 (1).

Remarquons tout d'abord que les dispositions de la loi visent également les deux grandes catégories d'habitations qui s'offrent aux ouvriers : — les maisons à étages, comprenant un certain nombre de logements dont l'occupant n'est jamais que locataire; — les maisons individuelles dont il est d'abord locataire, mais dont il peut devenir propriétaire, moyennant le paiement d'une série d'annuités.

Donner à chacun sa maison est une conception théorique séduisante, mais la réalisation pratique n'en est pas toujours possible. Trop souvent les conditions mêmes du travail industriel s'opposent à ce que l'ouvrier acquière sa maison; être propriétaire lui devient un insupportable fardeau, le jour où il est obligé de se déplacer pour trouver du travail. Il n'en est pas moins vrai que l'habitation individuelle, la *maisonnette*, est un idéal dont il faut faire une réalité toutes les fois que les circonstances le permettent. Elle convient particulièrement à une certaine élite d'ouvriers économes, aux pères de famille, à ceux qui aiment leur intérieur et le veulent sain et riant. Il en existe encore plus qu'on ne croit, même parmi les ouvriers des villes. Il y en a surtout, et en très grand nombre, parmi les paysans. Mais les difficultés à surmonter pour arriver à la propriété sont véritablement au-dessus des forces du plus courageux.

Cependant, le but à atteindre n'est-il pas pleinement enviable? Plutôt que d'épargner huit ou dix obligations de chemins de fer, ne vaudrait-il pas mieux épargner sa maison? N'y a-t-il pas dans la propriété foncière, dans le lien de l'homme à la terre, dans la possession du foyer, une vertu sociale plus grande que dans la détention des valeurs mobilières ?

Oui, sans doute, mais les laborieux savent aussi que les valeurs mobilières leur offrent de grands avantages. Dans un moment de crise, les valeurs mobilières peuvent se réaliser de la façon la plus rapide et la plus économique. Pour l'immeuble, au contraire, la vente coûte cher, et, le plus ordinairement, elle ne peut avoir lieu qu'à vil prix. Reste l'obligation hypothécaire; mais c'est un procédé très onéreux et qui n'est pas exempt de dangers. J'avouerai

(1) Cette loi a été complétée par un règlement d'administration publique, du 21 septembre 1895. — V. ci-après (p. 28) le titre V de ce règlement.

que je n'ai pas à l'égard de l'hypothèque le sentiment d'hostilité que beaucoup de gens se croient obligés de professer; mais je me garderai bien d'insister, craignant d'offusquer ici quelques partisans de la théorie, diamétralement opposée, de l'inaliénabilité du bien de famille, théorie à laquelle je suis resté rebelle jusqu'à présent. Je me hâte donc de rentrer dans mon sujet.

Lorsque survient le décès, les valeurs mobilières ont cet autre avantage qu'elles se partagent le plus aisément du monde. S'il est nécessaire, on achète, pour égaliser les parts, des coupures de titres. La maison, au contraire, est, de sa nature, impartageable; et nous voici, tout d'un coup, en présence d'une difficulté très grave.

Le problème est si redoutable, lorsqu'il s'agit de la maison ouvrière, que la plupart des représentants des ouvriers —je parle des plus autorisés et des plus sincères, — n'hésitent pas à le déclarer insoluble. Pour eux, c'est un mauvais service à rendre à l'ouvrier que de lui faciliter l'accès de la propriété. L'engager à mettre à la caisse d'épargne, à la bonne heure! Mais acheter une maison, pourquoi faire?... puisqu'au lendemain du décès, pas un des siens ne sera capable d'en continuer la possession.

Il nous faut pourtant résoudre ce problème, sinon la cause de la *maisonnette* est perdue. Et, pour cela, nous avons à rechercher quels sont les obstacles que nous opposent la loi et les mœurs.

I

Le premier principe juridique avec lequel nous ayons à compter est le principe de l'égalité entre les héritiers. — Sauf attribution d'un avantage préciputaire fait à l'un d'eux, par voie de donation ou de testament, et dans la limite seulement de la quotité disponible, les ayants-droit doivent avoir des parts égales, rigoureusement, mathématiquement égales.

Mais, direz-vous, nous réclamons la liberté testamentaire; le principe de l'égalité entre héritiers n'est qu'un préjugé, contre lequel nous luttons sans relâche.

Soit, vous répondrai-je, vous avez raison..... théoriquement. Mais il ne suffit pas d'avoir la liberté sur le papier, il faut avoir le goût, la volonté de s'en servir. Or, n'est-il pas certain, pratiquement, que nous sommes déshabitués de la liberté testamentaire ? Et, plus particulièrement, n'est-il pas certain que l'ouvrier — c'est de lui que nous nous occupons — n'a pas même la notion de cette liberté possible ; l'ouvrier meurt sans testament, comme il se marie sans contrat. La seule liberté qui soit à sa portée, c'est le droit commun. Comme il n'est, j'imagine, dans l'esprit de personne de demander le rétablissement du droit d'aînesse, nous devons accepter comme point de départ nécessaire le principe de l'égalité successorale.

Ce que nous pouvons demander, c'est qu'on n'exagère pas les conséquences du principe. A quoi sert-il de grossir de quelques francs la masse à partager, si les co-partageants n'en doivent pas tirer profit, mais seulement le fisc ou les hommes de loi ? Ne vaut-il pas mieux, d'ailleurs, autant qu'il est possible, conserver l'héritage dans la forme que le père de famille lui a donnée ? A vrai dire, les procédés légaux sont trop savants, trop perfectionnés. Institués en vue de procurer l'égalité absolue, ils imposent des formalités excessives, surtout lorsqu'il y a des mineurs en cause, et aboutissent à des frais énormes, parfois même à l'anéantissement de l'héritage. L'égalité, sans doute, est parfaite, mais c'est l'égalité dans la ruine.

Un second principe, dont la formule est classique et connue de tous, domine la matière : « Nul n'est tenu de demeurer dans l'indivision, et le partage peut toujours être provoqué nonobstant prohibitions et conventions contraires » (Art. 815 du Code civil). On peut cependant, continue le texte, convenir de suspendre le partage pendant un temps limité. Cette convention ne peut être obligatoire au delà de cinq ans ; elle peut seulement se renouveler, de délai en délai.

La disposition est d'ordre public ; il n'est donc pas nécessaire de justifier d'un intérêt plus ou moins sérieux pour s'en prévaloir. Alors même qu'il serait avantageux pour tout le monde d'ajourner le partage, on n'a rien à objecter à celui qui veut y procéder immédiatement. Et parfois c'est un caprice, c'est le mauvais vouloir d'un enfant que l'autorité paternelle n'a pu maintenir dans le devoir qui empêche les autres membres de la famille, restés unis et groupés, de maintenir l'indivision.

Quelle est donc la raison d'être d'une si rigoureuse prohibition ? C'est que, suivant une ancienne maxime, l'indivision nourrit les chicanes et les dissensions : *Communio mater rixarum*. Les économistes y ajoutent cette observation que l'indivision forcée n'est pas favorable au plein développement de la propriété.

Il faut convenir qu'il y a dans ces deux objections une très large part de vérité expérimentale. Lorsque les mœurs, les bonnes mœurs n'ont pas fait pénétrer jusque dans le cœur des enfants l'esprit de famille, l'indivision forcée est, à l'ordinaire, pleine de périls. Cependant il est des cas où la prolongation de l'indivision, même contrainte, peut procurer de réels avantages et n'entraîner au contraire que de moindres inconvénients.

Que fait la loi du 30 novembre 1894? — Elle fait brèche au principe et déclare que l'indivision peut être maintenue à la demande d'un ou plusieurs ayants-droit, malgré l'opposition des autres.

Trois hypothèses doivent être envisagées:

1° Le défunt n'a pas laissé d'enfants : En ce cas, le maintien de l'indivision peut être imposé pendant cinq ans, à la demande et au profit de l'époux survivant, à la condition qu'il habite la maison au moment du décès et qu'il en soit copropriétaire au moins pour moitié. Le même droit n'appartient pas aux ascendants, non plus qu'aux héritiers collatéraux.

2° Il y a des enfants, et tous ces enfants sont majeurs : L'indivision peut alors être maintenue pendant cinq ans, à compter du décès, soit à la demande du conjoint, soit à la demande de l'un des enfants.

3° Un ou plusieurs enfants sont mineurs : après avis du conseil de famille, l'indivision peut être continuée, même au delà de cinq ans, jusqu'à ce que l'aîné ait atteint sa vingt-sixième année, sans toutefois que la durée totale de cette indivision, à moins d'un consentement unanime (1), puisse excéder dix ans.

Ces dispositions sont assez bien conçues, mais à la condition qu'on ne prétende pas faire de l'exception la règle et qu'on ne considère pas l'indivision comme l'état normal de la propriété.

Au reste, il ne suffit pas que le maintien de l'indivision soit demandé pour être accordé. C'est une question d'opportunité dont le jugement est laissé à l'appréciation du juge de paix. A lui, de

(1) Il n'est pas admissible que l'indivision, même d'un consentement unanime, puisse être constituée à tout jamais. Selon nous, l'extrême limite serait, en ce cas, l'époque de la majorité du *plus jeune* des héritiers mineurs. Notre opinion se fonde en particulier sur l'étude des travaux préparatoires de la loi.

tenir compte des circonstances et d'user de prudence dans l'usage qu'il fait de son pouvoir; à lui, de ne pas contraindre à demeurer ensemble des gens que rien ne rapprocherait, ni l'affection, ni l'intérêt personnel; à lui, de ne pas céder au caprice de l'un des enfants, s'il y a de sérieuses raisons de douter que l'accord puisse être maintenu entre tous. Il ne faut pas que le tyrannie d'un seul conduise tous les héritiers à se quereller et peut-être à en venir aux mains dans cette maison qui leur pèserait comme une prison et dont ils ne pourraient sortir.

Il est vrai que la loi n'interdit pas aux mécontents de vendre à des étrangers leur part indivise; mais ce n'est évidemment pas cette solution que le législateur a recherchée. Je la signale seulement en passant, parce qu'elle pourrait conduire, au moyen du retrait successoral (1), à l'attribution de l'entière propriété de l'immeuble à l'un des cohéritiers.

Il peut arriver aussi que l'indivision soit maintenue, et que, cependant, la maison ne soit habitée que par quelqu'un des ayants-droit. Les enfants travaillent au loin, peut-être sont-ils mariés chacun de son côté, la veuve reste seule au foyer et demande à être laissée en possession. En ce cas, il peut paraître juste que l'occupant tienne compte aux autres intéressés d'une indemnité de logement. Cette indemnité, le cas échéant, se compenserait avec l'obligation alimentaire qui incombe aux enfants à l'égard de leurs ascendants, et réciproquement.

Quoi qu'il en soit, l'indivision forcée ne peut être qu'un état provisoire; il ne faudra pas en abuser. Rien ne serait plus fâcheux que de prétendre substituer au régime de la propriété individuelle une sorte de communisme familial; nos mœurs ne s'accommoderaient pas d'une telle fantaisie. Pour maintenir ou reconstituer la famille, tous nos efforts doivent tendre, au contraire, à constituer fortement la propriété dans les mains d'un seul, en facilitant sa transmission à celui des héritiers qui sera le plus apte à tenir la place du chef qui vient de mourir, et à remplir, vis-à-vis des autres cohéritiers, les devoirs qui découlent de cette situation même. Au point de vue de la direction morale à imprimer, comme au point de vue de l'administration des biens, il est nécessaire qu'il y ait une autorité responsable. L'exercice du droit de propriété ne saurait être remis au suffrage universel!

(1) Art. 841, Code civil.

II

Venons maintenant à ce qui est, selon nous, l'innovation capitale de la loi du 30 novembre 1894 et le but auquel nous devons subordonner tout le reste : l'attribution de la maison à l'un des cohéritiers.

Pour sortir de l'indivision, lorsqu'il n'existe pas plusieurs immeubles équivalents, de même nature, valeur et bonté, le Code de procédure civile ne connaît que la licitation, c'est-à-dire la vente aux enchères publiques, avec admission d'étrangers.

Sans doute, si tous les cohéritiers sont d'accord, ils peuvent réaliser un partage amiable; mais le mauvais vouloir d'un seul suffit à rendre la licitation inévitable. Il en est de même de l'état de minorité, n'y eût-il, entre tous, qu'un seul héritier mineur.

L'application de ce principe est un véritable péril public. Pour les petits héritages, comme l'ont démontré dès longtemps les statistiques du Ministère de la justice, c'est l'équivalent de la confiscation. Pour ceux qui ont une importance un peu supérieure, c'est encore la ruine assurée de l'exploitation, telle que le père l'a voulue et constituée, et, la plupart du temps, c'est le bien qui sort de la famille, pour n'y plus jamais rentrer.

Si la règle n'avait pas été modifiée pour les habitations ouvrières, la loi du 30 novembre n'eût été qu'un leurre. La loi n'eût procuré, en effet, au prix des plus grands efforts, qu'un bénéfice purement viager au constructeur ou à l'acquéreur immédiat. Dès lors, à quoi bon se donner tant de peine? A quoi bon travailler à devenir propriétaire d'une maison qui, le lendemain du décès, passera dans des mains étrangères?

Et s'il s'agit d'un groupe de maisons, comme au cottage d'Athis, voyez les conséquences de cette expropriation de la femme et des enfants, qui est le résultat ordinaire des enchères publiques : — au premier décès, voici quelque spéculateur qui intervient (il y a tant de gens qui spéculent sur la misère!...) et qui se rend adjudicataire de la maison; c'est un marchand de vins, ou pis encore... et la tranquillité, la prospérité du cottage tout entier est compromise!

Contre ces dangers, la loi du 30 novembre nous offre un remède efficace : tout héritier peut rendre la licitation inutile en exprimant la volonté de reprendre la maison sur estimation.

Le remède est offert, disons-nous, il n'est pas imposé. A défaut d'une réquisition formelle de l'un ou de l'autre des ayants-droit, le partage se fera selon le droit commun.

Mais il suffit que l'attribution soit demandée, pour que le juge de paix doive la prononcer.

Le droit de reprise peut être exercé, soit par le conjoint, soit par un héritier. Parfois les enfants resteront groupés autour du père veuf, ou de la mère, ou d'un frère aîné; parfois, il arrivera que l'attributaire en jouira seul, plus soucieux de son indépendance que de l'accomplissement du devoir de protection qui lui incombe. De toute manière, la maison restera dans la famille.

Pour le cas où plusieurs ayants-droit demanderaient à user de la faculté qui leur est accordée, la loi a dû déterminer un ordre de préférences. Elle appelle d'abord à la propriété de l'immeuble l'héritier que le défunt a désigné lui-même. Une telle désignation ne sera pas fréquente, au moins dans les commencements; elle pourra le devenir davantage lorsque la loi sera mieux connue, surtout en certaines régions de la France, où le paysan, demeuré fidèle aux vieilles traditions, ne s'est pas laissé courber sous le niveau égalitaire du Code civil.

En second lieu, vient l'époux survivant, à condition qu'il soit propriétaire au moins pour moitié, ce qui arrivera le plus souvent, grâce à la communauté légale. Rien n'est plus juste et plus moral, rien aussi n'est plus conforme à la volonté présumée de celui qui a peiné pour acquérir le bien de famille, et dont l'effort a été soutenu et encouragé chaque jour par celle qui vaquait aux soins du ménage et qui avait la garde des enfants. Sans elle, il est infiniment probable qu'il n'eût rien épargné.

En troisième rang, toutes choses étant égales, l'attributaire est choisi à la majorité des intéressés. Notons ici, avec l'article 45, alinéa 3, du règlement d'administration publique, que les héritiers qui viennent par représentation d'une même personne (descendants ou collatéraux privilégiés) n'auront droit ensemble qu'à un seul suffrage.

Enfin, s'il ne se forme point de majorité, la loi s'en remet au tirage au sort. Il faut avouer que cette dernière solution laisse beaucoup à désirer, car le sort peut tomber sur l'héritier qui est le moins capable de tirer parti de l'immeuble, sur celui que le rôle de chef de famille embarrassera le plus. Mais que faire, lorsque tout motif de préférence vient à manquer?

III

Nous venons d'analyser brièvement les dispositions de la loi, et nous avons constaté que le principe en était excellent. Mais il ne suffit pas de fixer le principe, il faut encore en suivre les applications et pénétrer dans le détail. A cet égard, je ne suis pas entièrement convaincu que les rédacteurs de l'article 8 se soient rendu compte, d'une manière exacte, des difficultés qu'il rencontrerait dans la pratique. Aussi, la jurisprudence aura-t-elle à résoudre un grand nombre de questions délicates et à compléter l'œuvre du législateur. Nous souhaitons qu'elle le fasse dans un esprit de large interprétation.

Supposons d'abord que les intéressés ne soient pas d'accord sur la valeur estimative de l'habitation. La loi décide alors que l'estimation sera faite par le Comité des habitations à bon marché et homologuée par le juge de paix. Mais il fallait prévoir le cas où il n'existerait pas encore de Comité des habitations à bon marché dans le département où la maison est située. En effet, la création de ces Comités est purement facultative pour le gouvernement; il est bien évident qu'ils ne peuvent être improvisés et qu'un temps assez long se passera avant qu'ils soient constitués partout. Le décret du 21 septembre 1895 supplée, dans ce cas, à l'avis du Comité des habitations à bon marché par l'avis d'un expert, nommé par le juge de paix.

Le décret avait aussi à régler les détails de la procédure; tel est l'objet des articles 47 et 48. Les formalités ont été réduites au minimum, ainsi que les délais; mais il n'était pas possible de les supprimer entièrement, sous peine de laisser sans garantie les droits et les intérêts des héritiers mineurs.

Il est une autre hypothèse qui est également de nature à se présenter fréquemment.

Supposons qu'à l'encontre d'un ou plusieurs ayants-droit réclamant l'attribution de l'immeuble, d'autres demandent au juge de paix de prononcer le maintien de l'indivision. Qui devra l'emporter?

Le règlement d'administration publique résout la question en faveur de l'attribution. C'est avec toute raison. Car le maintien de l'indivision — nous l'avons déjà reconnu — n'est qu'une solution provisoire et nécessairement imparfaite; elle réserve aux intéressés plus d'une occasion de conflit; surtout, elle a le tort de ne rien terminer. Son principal avantage est de rendre possible, à l'avenir, la conclusion d'un partage amiable qui serait présentement irréalisable à cause de la minorité de quelques héritiers. Mais dans quelles conditions ce partage ultérieur se fera-t-il? Cela n'est que trop facile à prévoir. Déjà, les héritiers sont en désaccord ; autrement, la question ne se poserait pas. N'est-il pas à craindre qu'il ne survienne, durant l'indivision forcée, de nouvelles causes de dissentiment? Et, le moment venu, saura-t-on mieux qu'aujourd'hui faire les sacrifices nécessaires pour éviter la licitation? Si, dès à présent, la maison trouve preneur parmi les héritiers, toute incertitude disparaît; le provisoire cède la place au définitif, et, du premier coup, le but de la loi est atteint.

Tout n'est pas dit encore, lorsqu'après discussion sur la valeur de l'immeuble, l'attributaire a été définitivement désigné : il y a les cohéritiers qu'il faut satisfaire et à qui l'on doit payer la part du prix qui leur revient. Dans bien des cas, la difficulté sera grande ; car on ne trouvera pas dans le patrimoine du défunt somme suffisante pour les apportionner. Si la maison, formant le seul actif appréciable de la succession, est estimée 3.000 francs et qu'elle soit reprise par l'époux survivant, ce qui est l'hypothèse la plus favorable au point de vue du règlement des droits de chacun, les héritiers pourront exiger le paiement immédiat de 1.500 fr. (1). Que si l'attributaire est un des héritiers, le *de cujus* ayant laissé sa femme, commune en biens, et trois enfants, la soulte à payer sera des cinq sixièmes du prix d'estimation, soit 2.500 francs.

Joignez à cela le droit de succession en ligne directe qui est de 1,25 °/₀ (décimes compris) et le droit de soulte qui s'élève à 5 °/₀ (décimes compris), et vous serez convaincus que l'on est ici en présence de l'objection pratique la plus grave qui puisse être faite au nouveau régime. La plupart des législations étrangères qui admettent le droit de reprise donnent en même temps à l'héritier qui l'exerce, un certain délai pour se libérer. Notre loi, vous le savez, ne contient aucune disposition de ce genre.

Pour venir à bout de la difficulté, il faudra donc que l'attributaire, à moins qu'il n'ait déjà par devers lui de fortes économies,

(1) Sauf application, bien entendu, des dispositions de la loi du 9 mars 1891 qui donne au conjoint venant en concours avec des enfants, l'usufruit du quart de la succession.

fasse appel au bon vouloir de ses cohéritiers, ou qu'il recoure à l'emprunt. Le premier moyen présente l'inappréciable avantage d'épargner les frais d'acte et d'enregistrement, et de simplifier toute l'opération. Il conviendra de l'employer toutes les fois que cela sera possible. Les cohéritiers qui donneront à l'attributaire termes et délais seront, d'ailleurs, garantis d'une façon très efficace par le privilège de l'article 2109 du Code civil, dont l'inscription, pourvu qu'elle soit faite dans les soixante jours de l'attribution, les place vis-à-vis des tiers dans une situation inexpugnable.

C'est à de telles stipulations, qui sont le corollaire naturel du partage, que le décret du 21 septembre fait allusion, dans son article 45 (dernier alinéa), lorsqu'il invite le juge de paix à dresser sur-le-champ procès-verbal de l'attribution, « ainsi que des conventions relatives au paiement des soultes et autres conditions accessoires ».

Le consentement des copartageants ne pourrait-il être suppléé par la justice ? Pour nous, cela ne fait aucun doute, car le juge, aux termes de l'article 1244 du Code civil, a toujours la faculté d'accorder un délai de grâce, en considération de la position du débiteur. La jurisprudence, interprétant la pensée de la loi, exige que le débiteur justifie, d'une part, que ses biens sont suffisants pour satisfaire à ses engagements et, d'autre part, que l'exécution rigoureuse de l'obligation lui causerait un grave préjudice. Ne sommes-nous pas précisément dans l'hypothèse prévue ? L'immeuble dont l'attributaire acquiert la propriété exclusive n'est-il pas suffisant à l'acquittement de sa dette ? Oui, sans aucun doute, puisque le chiffre de cette dette est d'une fraction seulement de la valeur estimative de l'habitation. Et nous avons fait remarquer déjà que les créanciers de la soulte, en leur qualité de copartageants, étaient nantis par la loi d'un privilège qui les rendait préférables à tous les autres créanciers. D'autre part, n'est-il pas certain que le paiement immédiat aurait des conséquences désastreuses pour l'attributaire ? La maison serait vendue sur saisie, au lieu de l'être sur licitation ; l'attributaire n'en serait que plus infailliblement ruiné.

A supposer cependant que le juge n'ait pas cru devoir user du pouvoir modérateur que l'article 1244 lui confère, l'attributaire sera dans la nécessité d'emprunter. Je ne sais s'il trouvera grand accueil auprès du Crédit foncier, qui dédaignera peut-être une si petite opération. Mais il est probable que les sociétés de construction ne feront pas difficulté de lui accorder le même crédit qu'au propriétaire défunt. Cette solution, tout onéreuse qu'elle est à certains égards, lui permettra, du moins, d'amortir sa dette par acomptes périodiques, répartis sur une série d'années beaucoup plus longue, et d'obtenir, au point de vue du taux de l'intérêt, des conditions meilleures que celles du droit commun.

J'ai fait allusion tout à l'heure à certaines législations étrangères qui donnent à l'héritier qui reprend le domaine du chef de famille, à l'*Anerbe*, un assez long délai pour le remboursement des parts dues aux cohéritiers. En Autriche, notamment, selon la loi du 1er avril 1889 (1), le délai légal est de trois années.

Cette disposition se rattache à un système que vous connaissez bien et qui est très éloigné du régime français, le *Höferecht*.

Il y a peu de temps, le projet de loi soumis au Reichstag par M. de Riepenhausen vous a été présenté comme devant former bientôt le droit commun de l'empire d'Allemagne, en ce qui concerne les petits héritages ruraux. Je crains qu'il n'y ait là une exagération. M. Ernest Dubois vous a fait connaître, par une note également publiée dans la *Réforme sociale* (1er mars 1894), quelle était la situation véritable au point de vue législatif, et aussi quel était le rôle, un peu effacé, des lois de *Hofrecht* dans les divers États allemands qui se sont inspirés de la législation du Hanovre.

Quoi qu'il en soit, je ne saurais conseiller d'introduire en France une semblable réforme. Je ne voudrais pas notamment, si favorable que je sois à la liberté testamentaire, qu'on recommandât l'adoption d'un régime qui établit une différence de traitement entre des héritiers venant au même titre à la succession. Que l'inégalité résulte d'une disposition expresse du père de famille, cela se peut admettre; mais vouloir en faire la règle de la dévolution des biens *ab intestat*, c'est assurément rêver aux étoiles.

Un certain courant d'idées porte actuellement à favoriser le conjoint survivant. La loi du 9 mai 1891 est, à cet égard, très significative. Je voudrais que l'on fît quelque effort pour entrer plus avant dans cette voie. On insisterait notamment sur l'utilité qu'il y aurait à reculer le partage des biens de communauté jusqu'au jour du décès du dernier mourant des époux et à lui laisser l'usufruit total ou, mieux encore, la pleine propriété de ces biens.

(1) Voir *Annuaire de législation étrangère*, publié par la Société de législation comparée, tome XIX, p. 331.

On trouverait un point d'appui dans le Code civil lui-même, qui permet aux époux de stipuler que la totalité de la communauté appartiendra au survivant, à l'exception des apports et capitaux tombés dans la communauté à titre gratuit.

Cette convention de mariage, prévue spécialement par l'article 1525, pourrait être acceptée comme règle de droit commun, à défaut de contrat de mariage contenant une stipulation contraire. Il serait bien entendu, d'ailleurs, que la survenance de la séparation de corps ou du divorce mettrait obstacle à l'application de cette disposition (1).

IV

Revenons à notre loi et considérons la juridiction qui est chargée d'en assurer l'exécution.

Le soin de présider au règlement de la propriété de l'immeuble, conformément au nouveau régime, a été confié au juge de paix. Le législateur a pensé que sa double qualité de conciliateur et de juge le désignait naturellement pour cette mission et que ses conseils désintéressés, son autorité bienveillante, aideraient à résoudre bien des difficultés, surtout lorsqu'il se trouverait des mineurs parmi les héritiers. De fait, la tâche qui lui incombe est considérable et le succès de la réforme dépend en grande partie de la façon dont il saura l'accomplir.

Dans les conseils de famille qui se tiendront pour organiser la tutelle, lors de l'ouverture de la succession, le juge de paix aura nécessairement à donner son avis sur les avantages que l'application de la loi nouvelle peut procurer aux mineurs. D'autre part, lorsque les cohéritiers se trouveront réunis pour délibérer sur le maintien de l'indivision, sur la désignation de l'attributaire ou sur la valeur estimative de l'immeuble, il devra chercher à se rendre un compte exact de la situation créée par le décès du chef de famille et tendre, avant tout, à concilier les parties.

Nous avons vu, chemin faisant, combien de questions délicates peuvent se soulever, soit que l'un des héritiers demeure seul en possession de la maison indivise, soit qu'il y ait contestation sur le prix de la maison, soit que l'attributaire demande des délais pour le paiement des soultes dont il est chargé. Toutes ces difficultés —

(1) Voir la brochure très intéressante de M. Emile Jacobs : *Un mot concernant le projet Van der Bruggen.* (Bruxelles, 1893).

et bien d'autres qu'il serait trop long d'examiner — ne seront résolues, au mieux des intérêts de tous, que si le juge de paix, à toutes les étapes de la procédure, s'efforce d'apaiser les conflits et de conseiller l'union. Pour y réussir, ce ne sera pas assez de tout son zèle pour le bien public et pour la défense des droits des mineurs; il y faudra surtout du tact et de la mesure.

Puis, si l'autorité de ses conseils a été méconnue, le juge de paix se voit appelé à prononcer de véritables jugements, tant sur la recevabilité de la demande que sur le fond; ce qui ne laissera pas parfois d'être embarrassant, car la jurisprudence est tout entière à créer dans une matière si nouvelle, et les questions de droit, comme les questions de fait, ne lui manqueront pas.

Il aura aussi — lui qui n'est qu'un juge d'exception — à se garder d'outrepasser ses pouvoirs et d'empiéter sur la juridiction des tribunaux de première instance, qui sont les juges de droit commun, et qui ont seuls compétence pour le règlement des choses de l'hérédité, en tout ce qui ne concerne pas l'habitation.

Je ne veux pas insister sur la dissonance qui résultera de ce dualisme inattendu des juridictions. La mode est aux juges de paix, aux prud'hommes, aux tribunaux d'exception. Que faire contre les caprices de la mode? Déjà, dans un très grand nombre de circonstances, la loi fait appel au zèle des juges de paix, à leur amour du bien public. Qu'il s'agisse d'arbitrage en cas de grève, de naturalisation, de saisie-arrêt sur les salaires, que sais-je encore?... c'est toujours lui qui apparaît comme le médiateur nécessaire! Je n'ai rien à objecter, en somme, à cette conception très haute des fonctions du juge de paix, sinon qu'elle dépasse peut-être la mesure du possible. Encore faut-il avouer qu'elle est difficile à concilier avec les projets d'extension de la compétence de ce même magistrat en matière ordinaire. Le juge de paix, si éclairé qu'il soit, si détaché qu'on le suppose des préoccupations politiques et électorales, le juge de paix, même inamovible, ne sera jamais qu'un homme, et, chose grave, un magistrat unique. Il ne faut donc pas lui imposer une charge excessive; il ne faut pas non plus le considérer comme à l'abri de l'erreur, et, sous prétexte qu'il juge en équité, lui reconnaître un pouvoir arbitraire indéfini.

Les décisions contentieuses rendues par le juge de paix seront-elles susceptibles d'appel? Ni la loi, ni le règlement d'administration publique ne se sont expliqués sur ce point. Lorsque la question se posera devant les tribunaux, il est évident qu'on invoquera le silence des textes en faveur de la négative; on fera valoir également le caractère exceptionnel de leurs dispositions, l'utilité qu'il y a de hâter la solution d'un litige qui intéresse à un si haut degré la famille tout entière, la nécessité d'épargner les frais. Selon nous, ce serait une erreur. Plus la question est importante, — et ce peut être, en effet, tout l'actif de la succession qui est engagé dans le débat,— moins il est admissible que les parties soient privées des garanties que leur assure le droit d'appel. Et cette garantie ne saurait être mise en balance avec l'avantage qui résulte de l'économie des frais de procédure. D'ailleurs, il ne s'agit point de faire la loi, mais simplement de l'interpréter, et c'est un raisonnement vicieux que de conclure du silence du texte à la non-application d'un principe d'ordre public. L'appel des décisions de justice de paix est recevable devant le tribunal civil, sauf dérogation expresse de la loi, dès que l'objet du litige est supérieur à 100 fr. ou d'une valeur indéterminée. Comment pourrait-on soutenir qu'il en sera différemment lorsqu'il s'agit d'attribuer la propriété d'un immeuble et de fixer l'équivalent en argent que recevront les héritiers non-attributaires?

Le maintien de l'indivision contre le gré de certains ayants-droit n'est pas non plus une question secondaire. La décision rendue à cet effet ne réalise pas, il est vrai, un déplacement de propriété, mais elle suspend l'exercice du droit de disposition qui appartient à chacun des copropriétaires. Un tel sacrifice ne peut leur être imposé que si l'intérêt collectif le réclame. L'erreur d'appréciation qui serait ici commise ne porterait pas une atteinte moins grave aux droits des parties que ne ferait l'erreur d'estimation de l'immeuble. Et plus le pouvoir du juge est étendu, plus il est nécessaire que l'usage qu'il en a fait soit soumis au contrôle d'une juridiction d'appel. Cette juridiction, par application du droit commun, sera le tribunal civil.

En ce qui concerne la procédure, le décret du 21 septembre nous paraît avoir dit tout l'essentiel. Aux termes de l'article 39 de ce décret, l'héritier ou le conjoint survivant qui veut faire prononcer le maintien de l'indivision, ou l'attribution de la maison à son profit, n'a qu'à en faire la déclaration au greffe de la justice de paix.

Cette déclaration doit contenir : 1° les nom, prénoms, profession et domicile du réquérant et la qualité en laquelle il agit; 2° les nom, prénoms, profession et domicile du conjoint et de chacun des héritiers ou successeurs à titre universel, ainsi que de leurs représentants légaux. Il y est joint un extrait du rôle de la contribution foncière ou un certificat du directeur des contributions directes attestant que la valeur locative de la maison ne dépasse pas les maxima déterminés par la loi.

Cette demande est le point de départ de toute la procédure.

Sur la convocation qui leur est adressée par le greffier sous pli recommandé, les parties se réunissent à bref délai (1) devant le juge de paix, les mineurs étant, comme il convient, représentés par leurs tuteurs.

Si l'un des intéressés est sans domicile ni résidence connus, le juge de paix, à la requête de la partie la plus diligente, lui nomme un mandataire spécial, à moins que le tribunal, en vertu de l'article 113 du Code civil, n'ait déjà commis un notaire pour le représenter.

Au jour fixé, si toutes les parties sont d'avis de maintenir l'indivision pour un temps déterminé, il leur en est donné acte par le juge de paix. Le pacte d'indivision ainsi conclu est définitif, même au regard des mineurs et interdits, sans qu'il soit besoin d'homologation.

De même, si l'attribution est demandée et qu'il n'y ait pas de contestation sur la valeur estimative de l'immeuble, tous les intéressés, d'ailleurs, étant présents ou dûment appelés, le juge de paix prononce l'attribution au profit de celui qui l'a requise. Lorsqu'elle est requise par plusieurs ayants-droit, il vérifie s'il existe au profit de l'un d'eux cause légale de préférence et, dans le cas contraire, il met aux voix la désignation de l'attributaire.

Il est sur-le-champ dressé procès-verbal de l'attribution et des conditions moyennant lesquelles elle a été consentie.

S'il y a contestation sur la valeur de l'immeuble, comme il ne peut y avoir de vente sans fixation précise d'un prix, et que l'attribution, sauf quelques caractères secondaires, n'est autre chose qu'une vente, il doit être nécessairement sursis à la conclusion de l'affaire. L'estimation se fera — nous l'avons indiqué déjà — par

(1) Les délais et formes de la comparution sont réglés conformément aux articles 411 et 412 du Code civil. (Décret du 21 septembre 1895, art. 42.)

les soins du Comité des habitations à bon marché ou, s'il n'en existe pas dans le département, par un expert que le juge de paix nommera sur-le-champ.

Puis, le rapport étant déposé, les parties sont invitées à en prendre connaissance au greffe et convoquées de nouveau devant le juge de paix qui s'efforce de les concilier et, s'il ne peut y parvenir, fixe lui-même le prix de la maison et prononce l'attribution la façon prescrite par la loi.

On peut se demander — car le texte de notre article ne résout pas expressément la difficulté — si la demande d'attribution constitue, de la part du requérant, une offre ferme, qu'il ne puisse plus retirer et qui l'oblige à prendre l'immeuble pour le prix d'estimation, quel qu'en soit le chiffre, qui sera fixé par le juge.

Répondre par l'affirmative nous paraît impossible. Si chaque démarche des parties devait être interprétée comme formant un engagement irrévocable, aucune d'elles ne voudrait avancer de proposition et la loi risquerait de rester lettre morte. Il faut, au contraire, provoquer par tous les moyens des tentatives d'arrangement amiable et ne recourir au jugement qu'en dernière analyse.

Mais ce jugement lui-même, quel en est le caractère, et dans quelle mesure peut-il faire la loi des parties?

On ne saurait admettre que celui qui requiert l'attribution puisse être obligé de prendre l'immeuble moyennant un prix quelconque, supérieur au chiffre pour lequel il consent à devenir propriétaire. Le jugement d'attribution ne peut être que l'équivalent de nos jugements d'adjudication.

Après le dépôt du rapport, les parties, en connaissance de cause, feront donc leurs offres, préciseront leurs conclusions respectives, et le juge de paix, d'après tous les éléments d'appréciation qui seront à la disposition, fixera la valeur estimative de l'immeuble. Si le chiffre ne dépasse pas l'offre faite par le réquérant, l'attribution sera dès lors prononcée à son profit. Dans le cas contraire, le réquérant sera libre de renoncer à sa demande d'attribution.

L'article 48 de notre décret porte que toutes décisions du juge de paix rendues par défaut sont notifiées aux parties défaillantes sous pli recommandé, de la façon prescrite pour les convocations à comparaître aux assemblées de famille, et que l'opposition est recevable dans les huit jours de la réception de cette notification.

Quant aux effets de la non-comparution des intéressés sur la marche de la procédure, il n'y a, pensons-nous, qu'à s'en rapporter au droit commun. L'article 45 contient seulement une indication sommaire d'où l'on peut induire qu'en l'absence des parties défenderesses, dûment averties, l'attribution sera prononcée sans faire aucune estimation de l'immeuble, sur l'offre seule du demandeur. Mais il est évident que l'opposition remettra en question le prix d'attribution et par conséquent la propriété elle-même.

Un certain nombre de dispositions du décret visent particulièrement le cas de minorité des intéressés ou de quelqu'un d'entre eux.

Si les héritiers mineurs sont, au moment du décès, domiciliés dans le canton où la succession est ouverte, le conseil de famille, réuni comme il est dit à l'art. 406 du code civil (1) est invité à donner son avis sur le maintien de l'indivision ou l'attribution de la maison. — En conséquence de cette délibération, le tuteur introduira la demande ou restera défendeur.

Dans le cas où le mineur sera domicilié hors du canton, et où ses représentants n'auront pas déjà pris les devants, copie de la demande formée au greffe sera transmise au juge de paix du lieu de la tutelle, ainsi qu'au tuteur, s'il y en a un, à l'effet d'appeler le conseil à en délibérer.

Ces préliminaires accomplis, la procédure suivra son cours ordinaire. Seulement l'attribution de la maison, qu'elle soit demandée par le tuteur, au nom de l'incapable, ou par un autre ayant-droit, ne pourra se réaliser à l'amiable. Pour défendre le mineur contre toute collusion possible, pour suppléer au défaut de vigilance de son tuteur, il faudra nécessairement que l'estimation en soit faite en justice, c'est-à-dire par les soins du juge de paix, après avis soit du Comité des habitations à bon marché, soit d'un expert.

(1) Cet article est ainsi conçu : « Le conseil de famille sera convoqué soit sur la réquisition et à la diligence des parents du mineur, de ses créanciers ou d'autres parties intéressées, soit même d'office et à la poursuite du juge de paix du domicile du mineur. Toute personne pourra dénoncer à ce juge de paix le fait qui donnera lieu à la nomination d'un tuteur. »

V

Nous connaissons maintenant le mécanisme de la loi et, sous réserve de quelques critiques de détail, nous avons constaté que ses dispositions réalisent un véritable progrès. Disons, en terminant, quel en est le champ d'application et à quelles conditions on peut en réclamer le bénéfice.

Il faut d'abord qu'il s'agisse d'une *habitation à bon marché*, c'est-à-dire d'un immeuble dont le revenu net imposable à la contribution foncière n'excède pas les limites fixées par l'article 5 de la loi ou, pour être plus clair, dont la valeur locative (1) ne comporte pas des chiffres supérieurs à ceux qui sont indiqués ci-après pour chaque catégorie de communes :

Dans les communes de 1.000 habitants et au-dessous	132 fr.
Dans les communes de 1.001 à 5.000 habitants.....	220 »
Dans les communes de 5.001 à 30.000 habitants....	250 »
Dans les communes de 30.001 à 200.000 habitants, et dans celles qui sont situées dans un rayon de 40 kilomètres autour de Paris.................	323 »
Dans les communes de 200.001 habitants et au-dessus..................................	440 »
A Paris..................................	550 »

Il importe peu, d'ailleurs, que l'habitation soit située à la ville ou à la campagne, qu'elle soit habitée par un ouvrier ou par un paysan.

Il faut seulement que la maison soit la seule qui dépende de la succession et qu'au moment du décès elle soit occupée par le défunt, par son conjoint, ou par l'un de ses enfants.

Notons aussi que le *jardin*, annexe nécessaire de l'habitation, est également compris dans la disposition qui règle le sort de la maison. C'est en effet la maisonnette avec jardin, selon le type classique réalisé à Mulhouse par André Kœchlin et Jean Dollfus, qui était présente à l'esprit des rédacteurs de la loi. Et, d'ailleurs, il serait absolument déraisonnable de vouloir séparer l'un de l'autre.

S'il s'agit d'une petite habitation rurale, cela s'entendra de la

(1) La jurisprudence administrative comprend dans la valeur locative de l'immeuble les charges qui incombent au propriétaire et qui sont mises par le bail au compte du locataire, telles que les frais de vidange, de gaz et d'eau. — Voir le règlement d'administration publique du 21 septembre 1895, art. 50.

maison elle-même avec ses dépendances immédiates, l'enclos y attenant, tout ce qui fait corps avec elle, à l'exclusion, bien entendu, des terres de culture.

On le voit, notre article 8 est d'une application très générale. Il intéresse un nombre considérable de petits propriétaires ruraux. Nous ne saurions donc trop en répandre la connaissance, ni trop recommander d'y recourir.

Lorsqu'on se reporte aux documents parlementaires, on voit qu'à l'origine les rédacteurs de la proposition de loi ne s'étaient préoccupés que des *habitations ouvrières* proprement dites. Aussi fallait-il que la maison appartînt à un ouvrier, industriel ou agricole, à un employé ou à un artisan. La Commission du Sénat voulut restreindre encore la portée de la loi; elle visa d'une façon spéciale et exclusive les maisons construites par des ouvriers, employés ou artisans, vivant principalement de leur travail ou de leur salaire, et n'étant propriétaires d'aucune maison ni d'aucune propriété non-bâtie d'une valeur supérieure à 1.000 francs.

Lorsque la proposition vint en discussion, M. Buffet s'éleva très énergiquement contre le caractère étroit de cette énumération, et soutint qu'il fallait se garder d'établir aucune espèce de catégories; toute loi de privilège serait néfaste, il convenait de procéder par disposition générale et de droit commun. Cette protestation fut entendue : lors de la seconde lecture, toutes restrictions tenant à la qualité de l'occupant avaient disparu. « Nous n'avons imposé qu'une seule condition, dit M. Diancourt, rapporteur de la Commission, c'est que le bénéficiaire, appelé à jouir des avantages de la loi, ne fût pas déjà propriétaire d'une maison. »

Il faut nous demander, enfin, si le bénéfice de l'article 8 ne doit pas être réservé aux seules maisons construites postérieurement à la promulgation de la loi.

Oui, semble-t-il au premier abord, à raison du principe de la non-rétroactivité des lois. Mais cette première objection ne résiste pas à l'examen; car, en matière successorale, il ne saurait être question de droits acquis jusqu'au jour où la succession s'ouvre. Les biens, jusqu'à ce moment, demeurent si complètement dans la main du propriétaire, qu'ils ne peuvent faire l'objet d'aucune convention de la part des héritiers présomptifs. La loi peut donc, sans difficulté, comme le pourrait un testateur, modifier la dévolution qu'elle en a faite par une disposition antérieure ; elle peut, de même, et à plus forte raison, modifier les règles du partage ; il suffit que le décès soit postérieur à la promulgation de la loi, sans qu'on ait à rechercher l'époque à laquelle les biens à partager sont entrés dans le patrimoine du défunt.

Au reste, la question a été formellement résolue dans le rapport présenté au nom de la Commission spéciale, par M. Jules Siegfried, lorsque le projet voté avec modifications par le Sénat est revenu devant la Chambre des Députés : « Il n'est pas inutile de faire remarquer, dit le rapporteur, que les dispositions de l'article 8 devront s'appliquer à toutes les habitations qui rentrent dans le cadre des articles 1 et 5, *qu'elles soient déjà construites ou qu'on ne les construise que plus tard.* Il ne s'agit pas ici d'avantages fiscaux qui pourraient diminuer les ressources de l'État ; il s'agit d'une mesure générale dont il importe d'assurer l'effet dans la plus large mesure possible. »

La loi du 30 novembre 1894, vous l'avez vu, Messieurs, et vous vous en êtes félicités, contient le germe d'une réforme considérable. Cette réforme dépasse même les limites du problème que le législateur s'était proposé en traitant des habitations à bon marché. Il faut dire, à son honneur, qu'il en a pressenti et qu'il en a accepté par avance toutes les conséquences.

Voici ce que nous lisons, en effet, dans l'exposé des motifs de la proposition de loi, déposée en 1892 par M. Jules Siegfried et 75 de ses collègues : « Nous ne touchons au Code civil que dans la mesure « stricte où cela nous a paru nécessaire. La réforme que nous de- « mandons a été réclamée il y a longtemps ; le principe en était « accepté par un projet de loi élaboré à la fin de l'Empire, et dont « la discussion n'a été arrêtée que par les événements de 1870. La « réforme partielle que nous vous proposons est pleinement justi- « fiée par l'intérêt social que mérite tout ce qui peut améliorer le « sort des travailleurs et par le taux exorbitant des frais de licita- « ttion des petits héritages non divisibles. *Plus tard on en pourra* « *faire le droit commun.* »

Je veux terminer en souhaitant que ce « *plus tard* » soit aussi prochain que possible. (*Vifs applaudissements.*)

M. le Président félicite l'orateur d'avoir exposé avec tant de clarté le fonctionnement de la loi du 30 novembre 1894 dans une de ses dispositions les plus complexes; il le remercie en même temps de la part qu'il a apportée à l'élaboration d'une loi qui peut contribuer efficacement à la reconstitution de la famille par le maintien de son foyer. Enfin il adresse également tous les remerciements de la Société aux auteurs de la loi, qui concerne non seulement l'habitation ouvrière, mais aussi la petite propriété rurale. Rien n'empêche celle-ci de profiter de ces avantages nouveaux grâce auxquels le domaine de famille pourra plus facilement se constituer et durer.

M. Cheysson félicite à son tour l'orateur qui s'est emparé en maître de ce sujet et l'a marqué fortement de son empreinte personnelle tant devant le Conseil supérieur des habitations à bon marché que devant le congrès de Bordeaux, et ce soir même devant la Société d'Economie sociale. M. Challamel a efficacement contribué à la préparation du titre V du règlement d'administration publique et il fait autorité pour le commentaire de ce titre, qui a pour base l'article 8 de la loi du 30 novembre 1894.

Nous devons lui savoir un gré infini de s'être constamment placé, aussi bien dans ses études que dans son exposé, sur le terrain des idées chères à la Société d'Economie sociale et à son illustre fondateur, celui du maintien de la famille dans sa maison et de la réduction des frais exorbitants qui grèvent les successions modiques. Jusqu'ici les mineurs étaient victimes de la ruineuse protection que leur infligeait la loi successorale et nous en étions réduits à envier la réforme qui avait été réalisée par les Allemands dans l'Alsace-Lorraine en vertu de la loi du 1er décembre 1873. Notre regretté Claudio Jannet nous avait donné l'analyse de cette loi, en exprimant le vœu que la France sût bientôt en faire son profit (1). *Fas est et ab hoste doceri.* Ce vœu est aujourd'hui réalisé; il ne s'est pas, depuis un siècle, produit un fait aussi favorable à nos idées que le vote de l'article 8 de la loi du 30 novembre 1894 et si Le Play était encore à notre tête, il en éprouverait une joie profonde.

Notre pays a emprunté à la Belgique la plupart des dispositions de sa nouvelle loi ; mais il ne doit qu'à lui-même celle de l'article 8, qui lui appartient en propre et dont il a seul le mérite et l'honneur. M. Cheysson arrive de Bruxelles, où il était allé porter à la Société belge d'Economie sociale nos salutations fraternelles et faire devant elle une étude comparée de la loi belge du 9 août 1889 sur les *habitations ouvrières* et de notre loi française du 30 novembre 1894 sur les *habitations à bon marché*. Dans la discussion qui a suivi sa communication, on a rap-

(1) *Organisation de la famille*, par Le Play, 3e édition 1884, IIIe appendice, p. 368.

pelé que, en 1891, MM. Van der Bruggen, de Moreau, de Smet de Naeyer, avaient présenté à la Chambre des représentants une proposition de loi « permettant d'éviter la vente des petits immeubles en cas de décès; mais cette proposition de loi n'a pas encore abouti, et nos amis de Bruxelles ont exprimé le vœu que notre article 8 qui résout si heureusement ce problème fût compris parmi les retouches de la loi de 1889, dont la revision est en bonnes mains puisqu'elle est confiée à l'éminent ministre des finances, M. de Smet de Naeyer (1).

Notre loi ne s'est pas bornée à prévoir, pour y opposer son article 8, le danger provenant de la mort du père, après la libération de sa maison. Elle a voulu aussi — et cette fois à l'imitation de la loi belge — conjurer les conséquences financières de cette mort du père, si elle survient avant que l'immeuble soit entièrement libéré entre ses mains. Dans ce cas en effet, la famille, privée de son chef et aux prises avec des engagements qui l'écrasent, pourra être forcée de délaisser cette maison pour laquelle elle aura fait en vain tant et de si pénibles sacrifices. C'est là, à n'en pas douter, un des principaux obstacles au mouvement en faveur de l'acquisition des maisons ouvrières par de lentes annuités. Avant de s'engager dans cette longue voie, au bout de laquelle on fait miroiter à ses yeux la propriété de son foyer domestique, le chef de famille se demande s'il ne sera pas emporté avant d'avoir atteint le but qu'on lui propose; justement effrayé par la perspective des embarras que léguerait aux siens sa mort prématurée, il hésite et finit par s'abstenir : qui oserait l'en blâmer? Heureusement, l'assurance est là, avec ses combinaisons éprouvées; moyennant une faible cotisation, d'au plus 1 % du montant de la maison, le père garantit la famille contre cette éventualité et lui transmet la propriété immédiate, aussitôt après sa mort, alors même qu'il mourrait le lendemain de la signature du contrat. Tel est précisément l'objet de l'article 7 de la loi de 1894, qui met la caisse nationale d'assurance en cas de décès à la disposition des locataires acquéreurs.

Mais la mort n'est pas le seul désastre qui puisse frapper la famille et compromettre soit l'acquisition du foyer, soit sa conservation une fois qu'il est acquis. Il y a encore les malheurs de toute sorte, les maladies, les chômages, les cas de force majeure, les déplacements forcés, et tout cet imprévu, qu'il est nécessaire de prévoir. Le bonheur ne surprend jamais ; on s'y attend et c'est une dette qu'acquitte le destin; l'adversité semble au contraire une trahison, qui frappe par derrière. De là, une nouvelle cause d'hésitation pour les pères de famille prudents. Il importe ici encore de les rassurer par des mesures tutélaires,

(1) On a également signalé dans la discussion l'utilité d'emprunter à la loi française son titre plus compréhensif et son Conseil supérieur.

qui permettent d'une part de distendre les liens entre eux et leur maison, et de n'en pas faire une chaîne à jamais rivée sur eux ; d'autre part, de défendre le foyer contre des malheurs immérités ou des créanciers insatiables.

La première série de mesures dépend surtout des sociétés de construction, qui ont à mettre dans leur cahier des charges des clauses prudentes de résiliation. Quant aux secondes mesures, elles relèvent de la loi : ce sont celles que la Société d'Économie sociale n'a cessé de réclamer sous le nom d'*homestead exemption*, et qui mettent la maisonnette de l'ouvrier, comme la chaumière et le lopin de terre du paysan, à l'abri de la saisie (1). Les États-Unis nous donnent cet exemple ; l'Allemagne et l'Autriche présentent, sous la forme du *Hofrecht*, des dispositions analogues. Le moment est venu de nous inspirer de ces précédents et d'étendre enfin à la petite propriété rurale et urbaine cette protection dont la loi couvre tant d'autres intérêts, pourtant moins essentiels à la stabilité publique et à la paix sociale (2).

Avec cette addition, on aurait supprimé la dernière des causes d'hésitation qui paralysent l'essor des habitations ouvrières et apporté un nouvel élément de sécurité au locataire acquéreur. Travaillons à cette réforme, qui complétera les autres ; mais, en attendant, usons des facilités que la loi de 1894 met entre nos mains. Ce n'est pas tout d'avoir obtenu cet instrument, il faut nous en servir. L'outil est bien quelque chose, mais les résultats qu'il donne dépendent des mains qui l'emploient et surtout du cœur qui le dirige. Ce n'est pas d'aujourd'hui qu'a été proclamé le vieil adage : *Quid leges sine moribus?* Nous avons la loi ; à nous de la faire entrer dans les mœurs. (*Applaudissements.*)

M. le Président demande comment pratiquement pourra fonctionner la procédure de l'évaluation de la maison par le comité départemental. Celui-ci ne se réunira pas souvent. Ne sera-t-il pas toujours obligé de s'en rapporter à un expert, et l'appréciation par le juge de paix n'aurait-elle pas été plus simple ?

M. J. Challamel répond que sur ce point la loi est formelle. Il y aura sans doute des lenteurs, mais on ne pourrait, à peine de nullité, se passer de l'avis du Comité, toutes les fois qu'il en existera un dans le département. C'est seulement dans les départements où les Comités n'auront pas encore été institués que le juge de paix aura le droit de

(1) Voir les discussions qui ont eu lieu devant la Société d'Economie sociale dans *la Réforme sociale* des 1er janvier et 1er février 1895.

(2) Il serait de même infiniment désirable, au point de vue fiscal, qu'en cas de bail avec promesse de vente, le droit de mutation ne fût perçu qu'au moment du paiement de la dernière annuité.

nommer un expert. En pratique, il est probable que les comités délègueront à quelques-uns de leurs membres le soin de faire sur place les constatations nécessaires et de préparer les conclusions du rapport.

M. des Cilleuls dit que le comité n'aura souvent pas besoin de se transporter sur place pour faire cette évaluation. Les éléments réunis par les agents des contributions directes pourront l'éclairer, et comme le comité se tiendra généralement au chef-lieu du département et près du préfet, la communication de ces pièces pourra facilement être obtenue.

M. Cheysson ajoute que la loi prévoit la constitution de plusieurs comités par département; que d'ailleurs ils éliront probablement des comités permanents, comme a fait le Conseil supérieur des habitations à bon marché. Mais il faut principalement compter pour l'application de la loi sur les sociétés de construction et de crédit, qui épargneront à leur clientèle toutes les formalités en s'chargeant à leur place.

APPENDICE

RÈGLEMENT D'ADMINISTRATION PUBLIQUE

du 21 septembre 1895

pour l'exécution de la loi du 30 novembre 1894 (1).

TITRE V.

de l'indivision ou de l'attribution des maisons a bon marché.

Art. 38. — Lorsqu'une maison individuelle, construite dans les conditions édictées par la loi du 30 novembre 1894, figure dans une succession et que cette maison est occupée, au moment du décès de l'acquéreur ou du constructeur, par le défunt, son conjoint, ou l'un de ses enfants, il est pourvu à l'exécution de l'article 8 de la loi conformément

(1) On trouvera le texte intégral de ce Règlement dans l'*Officiel* du 26 septembre 1895, dans le *Bulletin de la Société française des habitations à bon marché*. et dans l'*Annuaire de législation française*, publié par la Société de législation comparée. La loi du 30 novembre 1894 a été publiée, avec le commentaire de M. Challamel, dans *la Réforme sociale* du 1er juin 1895.

aux dispositions ci-après, sous l'autorité du juge de paix du lieu de l'ouverture de la succession.

Art. 39. — Le conjoint survivant ou l'héritier qui veut faire prononcer le maintien de l'indivision, ou l'attribution de la maison à son profit, en forme la demande par voie de déclaration au greffe de la justice de paix.

La déclaration doit contenir :

1° Les nom, prénoms, profession et domicile du requérant et la qualité en laquelle il agit ;

2° Les nom, prénoms, profession et domicile du conjoint survivant et de chacun des héritiers ou successeurs, à titre universel, ainsi que de leurs représentants légaux.

Elle est signée par le requérant et contresignée par le greffier.

Il est joint un extrait du rôle de la contribution foncière ou un certificat du directeur des contributions directes attestant que la valeur locative de la maison ne dépasse pas les maxima déterminés par l'article 50 ci-après.

Le requérant doit, en outre, consigner somme suffisante pour couvrir les frais immédiats de procédure. Le juge de paix en détermine, s'il y a lieu, le montant.

Art. 40. — Lorsque le défunt aura laissé des héritiers mineurs ayant, au moment du décès, leur domicile dans le canton où la succession est ouverte, le Conseil de famille, réuni comme il est dit à l'article 406 du Code civil, sera invité par le juge de paix à donner son avis sur le maintien de l'indivision, si ce maintien est demandé et si l'attribution de la maison n'est pas réclamée.

Si tous les intéressés sont présents, il pourra être procédé immédiatement et sans convocation spéciale de la façon prescrite par les articles 44 et suivants du présent règlement.

Art. 41. — Lorsque la succession s'ouvrira dans un canton autre que celui où les héritiers mineurs ont leur domicile, le juge de paix du lieu de l'ouverture de la succession transmettra au juge de paix du lieu où la tutelle s'est ouverte, ainsi qu'au tuteur s'il y en a un, copie de la déclaration à l'effet d'appeler le conseil de famille à en délibérer.

Art. 42. — Le juge de paix saisi de la demande convoque tous les intéressés, ou leurs représentants, par lettres recommandées expédiées par le greffier.

L'avis de réception de la poste est joint au dossier de l'affaire.

Les délais et formes de la comparution sont fixés conformément aux articles 411 et 412 du Code civil.

Art. 43. — Si l'un des intéressés est sans domicile ni résidence connus, le juge de paix, à la requête de la partie la plus diligente, lui nomme un mandataire spécial, à moins que le tribunal, en vertu de l'article 113 du Code civil, n'ait déjà commis un notaire pour le représenter.

Art. 44. — Au jour fixé, si toutes les parties sont d'avis de maintenir l'indivision pour un temps déterminé, il leur en est donné acte par le juge de paix. Le pacte d'indivision ainsi conclu est définitif, même au regard des mineurs et interdits, sans qu'il soit besoin d'homologation.

En cas de désaccord, le juge de paix statue, d'après les circonstances, en vue du plus grand intérêt de la famille, et, s'il y a lieu, prononce le maintien de l'indivision dans les limites fixées par la loi, à moins que l'attribution de la maison ne soit demandée par quelqu'un des héritiers ou le conjoint survivant.

Art. 45. — S'il n'y a pas de contestation sur la valeur de l'immeuble et que toutes les parties soient présentes ou dûment averties, conformément à l'article 42 ci-dessus, majeures et maîtresses de leurs droits, le juge de paix prononce l'attribution à celle des parties qui l'a demandée.

Lorsqu'elle est requise par plusieurs ayants droit, le juge de paix vérifie s'il existe au profit de l'un d'eux une cause légale de préférence et, le cas échéant, prononce l'attribution soit à celui que le défunt a désigné, soit à l'époux survivant, s'il est copropriétaire au moins pour moitié.

Toutes choses égales, il met aux voix la désignation de l'attributaire, les héritiers qui viennent par représentation d'une même personne n'ayant droit ensemble qu'à un seul suffrage.

A défaut de majorité, il procède, séance tenante, au tirage au sort.

Il est sur-le-champ dressé procès-verbal de l'attribution, ainsi que des conventions relatives au paiement des soultes et autres conditions accessoires.

Art. 46. — S'il y a contestation sur la valeur de la maison, le juge de paix constate en son procès-verbal le désaccord des parties, sursoit à l'attribution et requiert le comité des habitations à bon marché dans la circonscription duquel est situé l'immeuble d'en faire l'estimation et de lui en adresser le rapport détaillé.

Il en est de même si quelqu'un des intéressés n'a pas reçu la convocation du juge de paix prévue par l'article 42 ci-dessus, ou s'il y a parmi eux des mineurs ou des interdits.

Au cas où il n'existe pas de comité dans le département, l'estimation est faite par un expert nommé par le juge de paix, au besoin par commission rogatoire.

Art. 47. — Sur le dépôt du rapport, les parties sont invitées à en prendre connaissance au greffe dans le délai de trente jours, puis convoquées à nouveau devant le juge de paix, le tout dans les formes prescrites à l'article 42 ci-dessus.

A défaut de conciliation, il fixe lui-même, d'après tous les éléments de la cause, le prix de la maison et procède, comme il est dit à l'article 45 ci-dessus, à son attribution.

Art. 48. — Toutes décisions du juge de paix rendues par défaut sont notifiées aux parties défaillantes, sous pli recommandé, de la façon prescrite à l'article 42 ci-dessus.

L'opposition est recevable dans les huit jours de la réception de la lettre.

Art. 49. — Il est alloué :

§ 1er. — *Aux greffiers des justices de paix, frais et déboursés non compris :*

1° Par chaque envoi de lettres recommandées.............Fr.	» 50
2° Pour la déclaration faite au greffe, tendant au maintien de l'indivision ou à l'attribution de l'immeuble....................	1 50
3° Pour copie de ladite déclaration...........................	1 »
4° Pour la rédaction du procès-verbal d'indivision ou d'attribution de l'immeuble..	1 50

5° Pour dépôt du rapport à fin d'estimation de l'immeuble.... 1 50

6° Pour recherche et communication sans déplacement dudit rapport.. » 50

7° Pour chaque copie de jugement.......................... 1 »

§ 2. — *Aux experts chargés de l'estimation de l'immeuble :*

1° Par vacation de trois heures, lorqu'ils opéreront dans le canton où ils sont domiciliés, ou même hors du canton, mais dans la distance de deux myriamètres..Fr. 5 »

2° Au delà de 2 myriamètres, en dehors du canton, il sera alloué pour frais de voyage et de nourriture, soit pour l'aller soit pour le retour, par chaque myriamètre.................................. 2 50

3° Pour la prestation de serment et pour le dépôt du rapport, indépendamment du transport au chef-lieu de canton dans le cas où il sera dû aux termes des dispositions qui précèdent......... 2 »

PARIS. — IMPRIMERIE F. LEVÉ, RUE CASSETTE, 17.

ÉCOLE DE LA PAIX SOCIALE

Ire SECTION **Œuvres de Le Play**, éditées à Tours par MM. A. MAME et fils

Les Ouvriers européens. 6 vol. in-8° (vendus séparément)........... 39 fr.
La Réforme sociale en France. 3 vol. in-18.......................... 5 fr.
L'organisation du travail. 5e édition. 1 vol. in-18................. 2 fr.
L'organisation de la famille. 1 vol. in-18.......................... 2 fr.
La Paix sociale après les désastres de 1871. 1 brochure in-18........ 0 fr. 60
La Correspondance sociale. 9 brochures in-18........................ 2 fr.
La Constitution de l'Angleterre. 2 vol. in-18....................... 4 fr.
La Réforme en Europe et le salut en France. 1 vol in-18............. 1 fr. 50
La Constitution essentielle de l'humanité. 1 vol. in-18............. 2 fr.
La Question sociale au XIXe siècle. 1 brochure in-18................. 0 fr. 30
L'Ecole de la paix sociale. 1 brochure in-18........................ 0 fr. 20

IIe SECTION. **Publications de la Société d'Économie sociale**

Les Ouvriers des deux mondes. 1re série, 5 vol. in-18................ 65 fr.
2e série; ch. tome 15 fr., t. IV, en cours; chaque monographie. 2 fr.
Instruction sur la méthode des monographies. Nouv. édit. 1 vol. in-8°.. 2 fr.
Bulletin des séances de la Société d'Économie sociale. 1re série 9 vol. in-8° 68 fr.
La Réforme sociale. 1re série (1881-1885), 10 vol. in 8°.............. 80 fr.
2e série (1886-1890), ch. vol. 5 fr. — 3e série, chaq. vol....... 7 fr.
Annuaires des Unions et de l'Economie sociale, 5 vol................ 15 fr.
Exp. de 1867. Rapport sur les ateliers qui conservent la paix sociale. in-8°. 1 fr.
La Réforme sociale et le centenaire de la Révolution. Travaux du Congrès de 1889, avec une lettre-préface de M. Taine, et une introduction sur les principes de 1789, l'ancien régime et la Révolution. In-8° (*en petit nombre*)... 10 fr.
Les Unions de la paix sociale leur programme d'action et leur méthode d'enquête, par A. DELAIRE secrétaire général des Unions. 4e édit. br in-32 0 fr. 15.

BIBLIOTHÈQUE ANNEXÉE

F. LE PLAY. Choix de ses œuvres avec une biographie par M. AUBURTIN et un portrait 1 vol. in-16, cart. LXXIV - 251 pages.............. 1 fr. 75
CH. DE RIBBE. Les Familles et la Société en France avant la Révolution d'après des documents originaux. 4e édition, 2 vol. in-12. 4 fr. — La Vie domestique, ses modèles et ses règles. 2 vol. in-12. 6 fr. — Une famille au XVIe siècle. 1 vol. in-12. 2 fr. — Le Livre de Famille. 1 vol. in-12. 2fr. — Le Play d'après sa correspondance. 1 vol. in-18. Pour les membres, 1 fr. 60; pour le public.................................. 3 fr. 50
CLAUDIO JANNET. Les Etats-Unis contemporains, avec une lettre de M. F. Le Play: 4e édit., 2 vol. in-12. 8 fr. — Le Code civil et les réformes indispensables à la liberté des familles. 1 br. in-18. 0 fr. 30. — Le socialisme d'Etat et la réforme sociale, 2e édit. 1 vol. in-8°, 7 fr. 50. — Le Capital, la Finance et la Spéculation,.............................. 8 fr.
JULES MICHEL. Manuel d'économie politique et sociale, 1 vol. in-12...... 2 fr.
Comte DE BUTENVAL. Les lois de successions appréciées dans leurs effets économiques par les Chambres de commerce de France. 4e édit. 1 vol. in-18.. 0 fr. 60
FERRAND. Les Institutions administratives en France et à l'étranger. 1 v. 6 fr. — Les Pays libres (ouvrage couronné par l'Institut). 1 vol. in-18. 3 fr. 50
Léon LEFÉBURE. Le Devoir social. 1 vol in-12.......................... 3 fr.
G. PICOT, de l'Institut. Un Devoir social et les logements ouvriers. 1 vol. in-18.. 1 fr.
Comte DE BOUSIES. Les lois successorales dans la société contemporaine. 1 vol. in-8°, 2 fr 50. — Le Collectivisme et ses conséquences.. 2 fr. 50
P. DU MAROUSSEM. La Question ouvrière: 3 vol. in-8° avec trois préfaces de M. FUNCK-BRENTANO. — I. Les Charpentiers de Paris; II. Ebénistes du faubourg Saint-Antoine; III. Le jouet parisien. — Ch. vol. ...... 6 fr.
A. COSTE. Alcoolisme et Epargne, 2e édition, in-32..................... 0 fr. 50

www.ingramcontent.com/pod-product-compliance
Ingram Content Group UK Ltd.
Pitfield, Milton Keynes, MK11 3LW, UK
UKHW022138260726
13993UKWH00005B/2006

9 782329 159423